Impressum
Verlag: BABADADA GmbH, Nedderfeld 112 , 22529 Hamburg
Geschäftsführer / Verlagsleitung: Harald Hof
Druck: Books on Demand GmbH, In de Tarpen 42, 22848 Norderstedt

Imprint
Publisher: BABADADA GmbH, Nedderfeld 112 , 22529 Hamburg, Germany
Managing Director / Publishing direction: Harald Hof
Print: Books on Demand GmbH, In de Tarpen 42, 22848 Norderstedt, Germany

школа

المدرسة

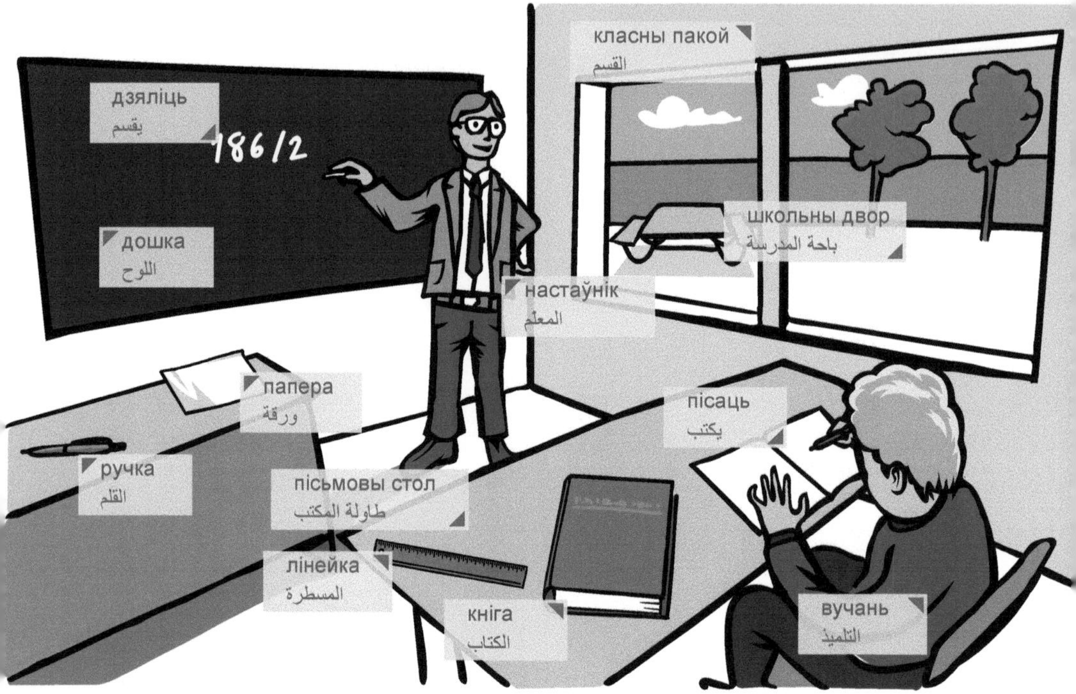
класны пакой
القسم
дзяліць
يقسم
186/2
дошка
اللوح
школьны двор
باحة المدرسة
настаўнік
المعلّم
папера
ورقة
пісаць
يكتب
ручка
القلم
пісьмовы стол
طاولة المكتب
лінейка
المسطرة
кніга
الكتاب
вучань
التلميذ

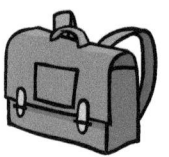

ранец

الحقيبة المدرسية

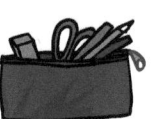

пенал

المقلمة

просты аловак

قلم الرصاص

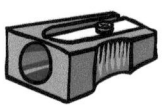

тачылка для алоўкаў

البرّاية

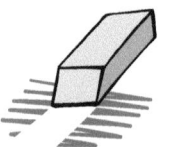

гумка

المِمحاة

альбом для малявання

دفتر الرسم

малюнак

الرسمة

пэндзлік

الفرشاة

фарбы

علبة التلوين

нажніцы

المقص

клей

المادة اللاصقة

сшытак

دفتر التمارين

хатняе заданне

الواجب المدرسي

лік

الرقم

дадаваць

يجمع

адымаць

يطرح

множыць

يضرب

лічыць

يحسب

літара

الحرف

алфавіт

الأبجدية

слова

كلمة

тэкст

النص

чытаць

يقرأ

крэйда

الطبشور

ўрок

الحصة

класны журнал

دفتر الدوام المدرسي

экзамен

الامتحان

атэстат

شهادة

школьная форма

اللباس المدرسي

адукацыя

التعليم

энцыклапедыя

الموسوعة

універсітэт

الجامعة

мікраскоп

المجهر

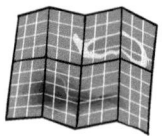

карта

الخريطة

смеццевы кошык

قماما

гатэль
فندق

хостэл
بيت الشباب

Grand

ROOMS

абменны пункт
مكتب صرافة

EXCHANGE

чамадан
حقيبة

аўтамабіль
سيارة

мова

....

اللغة

так / не

....

نعم / لا

добра

....

حسناً

прывітанне!

....

مرحباً

перакладчык

....

مترجم

дзякуй

....

شكراً

Колькі каштуе....?

كم ثمن ... ؟

я не разумею

لا أفهم

праблема

مشكلة

Добры вечар!

مساء الخير

Добрай раніцы!

صباح الخير!

Дабранач!

ليلة سعيدة

да пабачэння

إلى اللقاء

кірунак

اتجاه

багаж

أمتعة السفر

сумка

حقيبة

заплечнік

حقيبة ظهر

госць

ضيف

пакой

غرفة

спальны мяшок

كيس للنوم

палатка

خيمة

падарожжа - سفر

інфармацыя для турыстаў

استعلامات سياحية

пляж

شاطئ

крэдытная картка

بطاقة ائتمان

снеданне

إفطار

абед

طعام الغداء

вячэра

العشاء

праязны білет

بطاقة سفر

ліфт

مصعد

паштовая марка

طابع بريدي

мяжа

حدود

мытня

الجمارك

пасольства

سفارة

віза

تأشيرة

пашпарт

جواز سفر

самалёт
طائرة

карабель
سفينة

пажарная машына
سيارة إطفاء

аўтобус
حافلة

грузавік
سيارة شاحنة

маторная лодка
زورق آلي

ровар
درّاجة

аўтамабіль
سيارة

паром

عبارة

лодка

قارب

матацыкл

دراجة نارية

паліцэйская машына

سيارة شرطة

гоначны аўтамабіль

سيارة سباق

арэндаваны аўтамабіль

سيارة مستأجرة

сумеснае карыстанне
аўтамабілем

أسلوب تشاركي في استئجار السيارات

эвакуатар

سيارة للجر

смеццявоз

سيارة نقل القمامة

матор

محرك

паліва

وقود

запраўка

محطة وقود

дарожны знак

إشارة مرور

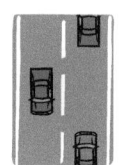

дарожны рух

حركة السير

затор

ازدحام سير

паркоўка

موقف سيارات

чыгуначная станцыя

محطة قطار

рэйкі

سكك حديدية

цягнік

قطار

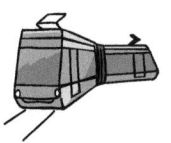

трамвай

ترام

вагон

عربة قطار

верталёт

طائرة مروحية

аэрапорт

مطار

вежа

برج

пасажыр

مسافر

кантэйнер

حاوية

кардонная скрыня

علبة كرتون

тачка

عربة يد

карзіна

سلة

ўзлятаць / прызямляцца

يقلع / يهبط

горад

مدينة

вёска

قرية

цэнтр горада

مركز المدينة

дом

بيت

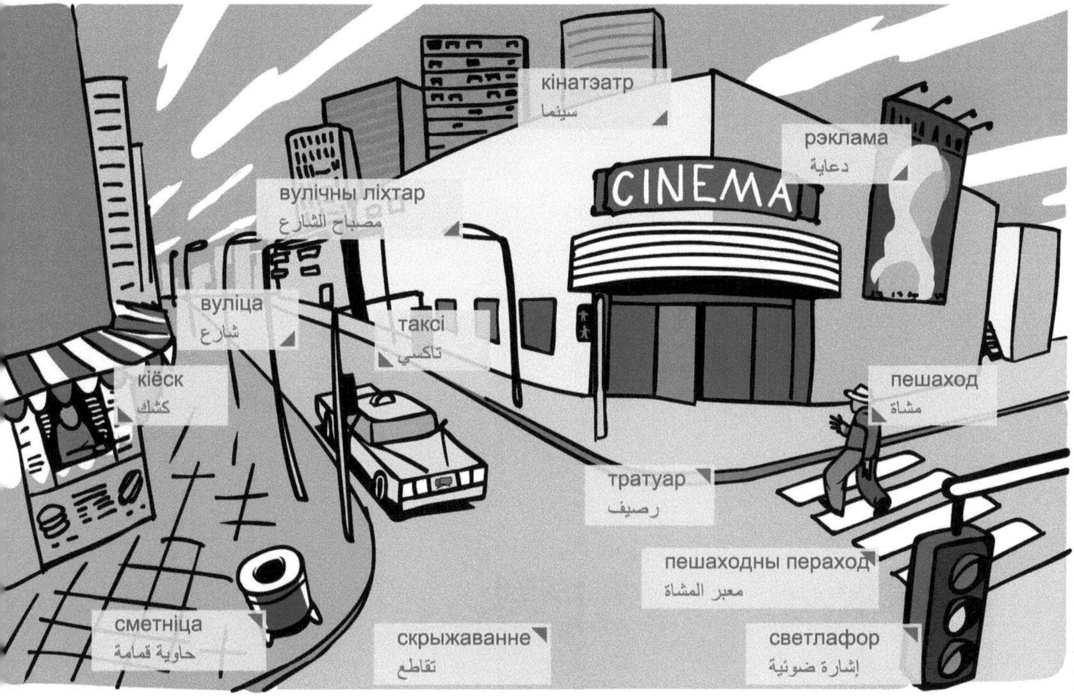

кінатэатр
سينما

рэклама
دعاية

вулічны ліхтар
مصباح الشارع

CINEMA

вуліца
شارع

таксі
تاكسي

пешаход
مشاة

кіёск
كشك

тратуар
رصيف

пешаходны пераход
معبر المشاة

сметніца
حاوية قمامة

скрыжаванне
تقاطع

светлафор
إشارة ضوئية

халупа
....
كوخ

кватэра
....
شقة

чыгуначная станцыя
....
محطة قطار

ратуша
....
دار البلدية

музей
....
متحف

школа
....
المدرسة

універсітэт

الجامعة

банк

مصرف

шпіталь

المستشفى

гатэль

فندق

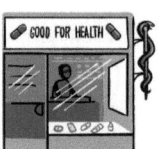

аптэка

صيدلية

офіс

مكتب

кнігарня

مكتبة

крама

متجر

кветкавая крама

محل لبيع الزهور

супермаркет

سوبرماركت

кірмаш

سوق

універмаг

متجر كبير

рыбная крама

تاجر السمك

гандлевы цэнтр

مركز تسوّق

порт

ميناء

парк

حديقة عامة

лава

مقعد

мост

جسر

лесвіца

درج، سلم

метро

مترو

тунэль

نفق

прыпынак

موقف حافلات

бар

بار

рэстаран

مطعم

паштовая скрыня

صندوق البريد

вулічны паказальнік

لافتة باسم الشارع

паркамат

مقياس زمن الوقوف

заапарк

حديقة حيوانات

басейн

مسبح

мячэць

مسجد

сядзіба

مزرعة

забруджванне
навакольнага асяроддзя

تلوث البيئة

могілкі

مقبرة

царква

كنيسة

пляцоўка для гульні

ملعب الأطفال

храм

معبد

краявід

طبيعة ريفية

ліст
ورقة

паказальнік
علامة إرشاد

дарога
طريق

луг
مرج

камень
حجر

дрэва
شجرة

падарожнік
رحالة

рака
نهر

трава
عشب

кветка
زهرة

даліна

وادٍ

гара

جبل

возера

بحيرة

лес

غابة

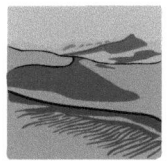

пустыня

صحراء

вулкан

بركان

замак

قلعة

вясёлка

قوس قزح

грыб

فطر

пальма

نخلة

камар

بعوض

муха

ذبّانة

мурашка

نملة

пчала

نحلة

павук

عنكبوت

жук

خنفساء

жаба

ضفدعة

вавёрка

سنجاب

вожык

قنفذ

заяц

أرنب

сава

بومة

птушка

عصفور

лебедзь

بجعة

дзік

خنزير برّي

алень

غزال

лось

إلكة

плаціна

سد

вятрак

دولاب الطاحونة الهوائية

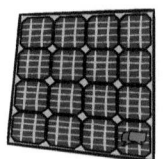

сонечная батарэя

خلية شمسية

клімат

مناخ

рэстаран

مطعم

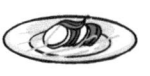

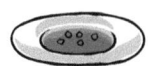

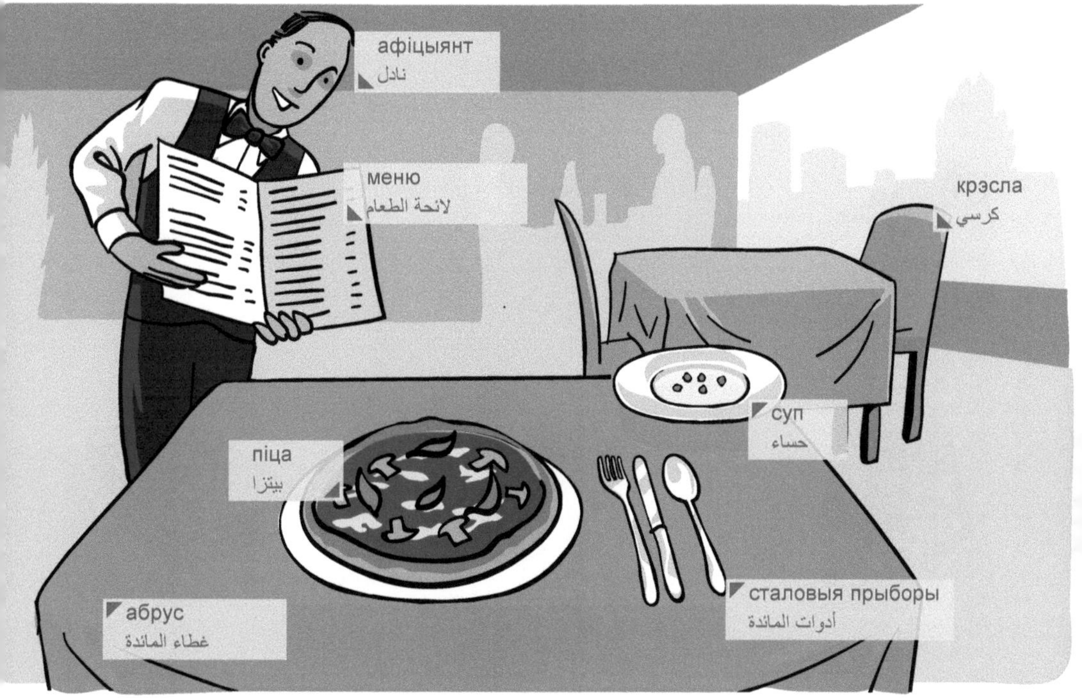
афіцыянт
نادل
меню
لائحة الطعام
крэсла
كرسي
суп
حساء
піца
بيتزا
абрус
غطاء المائدة
сталовыя прыборы
أدوات المائدة

закуска

مقبلات

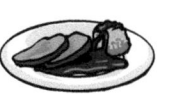

другая страва

الصحن الرئيسي

дэсерт

حلوى أو فاكهة بعد الطعام

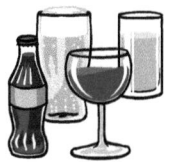

напоі

مشروبات

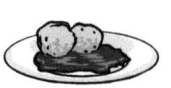

ежа

طعام

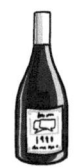

бутэлька

زجاجة

хуткае харчаванне (фаст-фуд)
....
وجبات سريعة

стрыт-фуд
....
طعام الشارع

імбрык (чайнік)
....
إبريق الشاي

цукарніца
....
علبة السكر

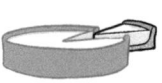

порцыя
....
حصّة

эспрэса-машына
....
آلة الإسبريسو

дзіцячае крэселка
....
كرسي عال

рахунак
....
فاتورة

паднос
....
صينية

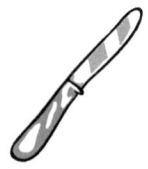

нож
....
سكين

відэлец
....
شوكة

лыжка
....
ملعقة

чайная лыжка
....
ملعقة الشاي

сурвэтка
....
منديل المائدة

шклянка
....
كأس

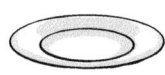

талерка

صحن

супавая талерка

صحن الحساء

сподак

صحن الفنجان

соус

صلصة

сальніца

مملحة

млынок для перцу

مطحنة الفلفل

воцат

خلّ

алей

زيت الطعام

спецыі

توابل

кетчуп

كتشاب

гарчыца

خردل

маянэз

مايونيز

супермаркет

سوبرماركت

акцыя
عرض خاص
FOR
пакупнік
زبون
малочныя прадукты
مشتقات الحليب
садавіна
فواكه
вазок
عربة تسوق

BUTCHERS

мясная крама

جزّار

BAKERY

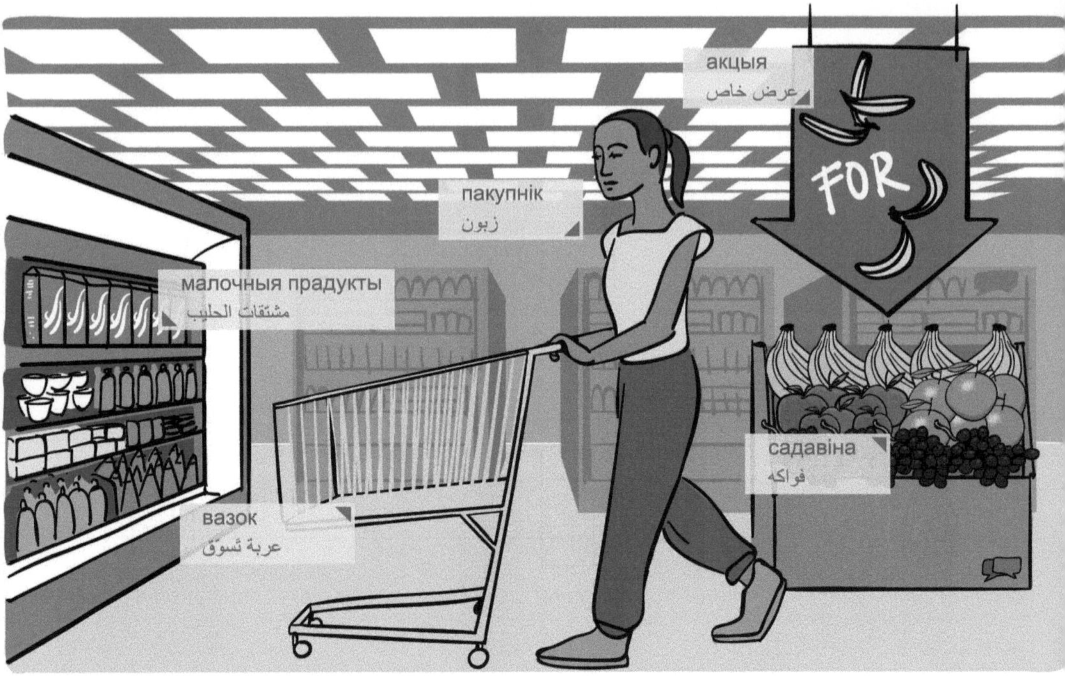

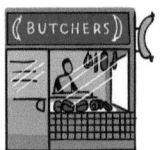

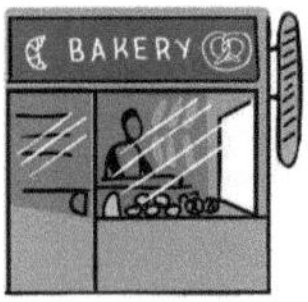

хлебны магазін

مخبز

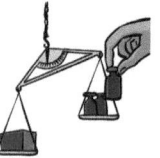

важыць

يزن

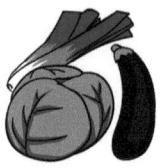

гародніна

خضار

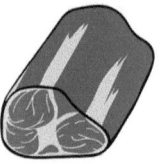

мяса

لحم

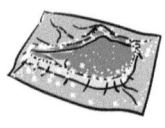

свежазамарожаныя прадукты

المأكولات المجمّدة

нарэзка

مرتدلا أو جبن

кансервы

معلّبات

пральны парашок

مسحوق الغسيل

прысмакі

حلويات

хатнія прылады

المواد المنزلية

чысцячы сродак

منظّفات

прадавец

بائعة

каса

صندوق الحساب

касір

أمين صندوق

спіс пакупак

قائمة المشتريات

гадзіны працы

أوقات العمل

бумажнік

محفظة النقود

крэдытная картка

بطاقة ائتمان

сумка

حقيبة

пакет

كيس بلاستيكي

вада

ماء

сок

عصير

малако

حليب

кола

كولا

віно

نبيذ

піва

بيرة

алкаголь

كحول

какава

كاكاو

гарбата (чай)

شاي

кава

قهوة

эспрэса

قهوة إسبريسو

капучына

كابوتشينو

банан

موزة

яблык

تفاح

апельсін

برتقال

дыня

بطيخ

лімон

ليمون

морква

جزرة

часнок

ثوم

бамбук

خيزران

цыбуля

بصل

грыб

فطر

арэхі

لوزيات

локшына

شعيرية

спагеці

سباغيتي

рыс

أرزّ

салата

سلطة

бульба фры

بطاطا مقلية

смажаная бульба

بطاطا مقلية

піца

بيتزرا

гамбургер

هامبورغر

бутэрброд

ساندويش

шніцаль

شريحة لحم مقلية

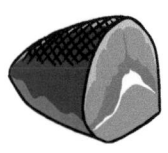

вяндліна

لحم خنزير

салямі

سلامي

каўбаса

سجق

курыца

دجاج

смажаніна

لحم محمر

рыбак

سمك

аўсяныя камякі

دقيق الشوفان

мюслі

موسلي

кукурузныя шматкі

كورن فلكس

мука

طحين

круасан

كرواسان

булачка

خبز صغير

хлеб

خبز

тост

خبز محمص

пячэнне

بسكويت

масла

زبدة

тварог

لبن زبادي

пірог

كعكة

яйка

بيضة

яечня

بيض مقلّي

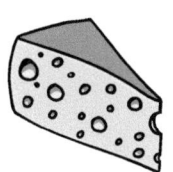

сыр

جبنة

마로자나에 (марожанае)

мथ्लجات مثلجات

цукар

سكر

мёд

عسل

варэнне

مربّى الفاكهة

нуга

كريم النوغا

кары

الكاري

хата
بيت الفلاح

хлеў
مخزن غلال

цюк саломы
رزمة من التبن

поле
حقل

конь
حصان

прычэп
مقطورة

жарабя
مهر

трактар
جرار

асёл
حمار

ягня
خروف

авечка
خروف

каза
ماعز

карова
بقرة

цяля
عجل

свіння
خنزير

парася
خنزير صغير

бык
ثور

гусак

إوزّة

качка

بطة

кураня

صوص

курыца

دجاجة

певень

ديك

пацук

جرذ

кот

قطّة

мыш

فأر

вол

ثور

сабака

كلب

сабачая будка

كوخ الكلب

садовы шланг

خرطوم الحديقة

палівачка

إبريق

каса

منجل

плуг

المحراث

سядзіба - مزرعة

серп

منجل

матыка

معزقة

вілы для гною

مذراة الزبل

сякера

بلطة

тачка

عربة يد

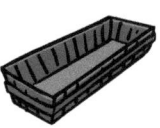

карыта

معلف

бітон для малака

صفيحة الحليب

мех

كيس

плот

سياج

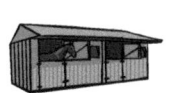

хлеў

اصطبل

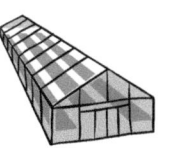

цяпліца

دفينة

глеба

تربة

насенне

بذور

угнаенне

سماد

камбайн

حصّادة درّاسة

збіраць ураджай

يحصد

ураджай

محصول

ямс

بطاطا يامس

пшаніца

قمح

соя

صويا

бульба

بطاطا

кукуруза

ذرة

рапс

سلجم

садовае дрэва

شجرة فاكهة

маніёк

نبات منيهوت

збожжа

الحبوب

дом

بيت

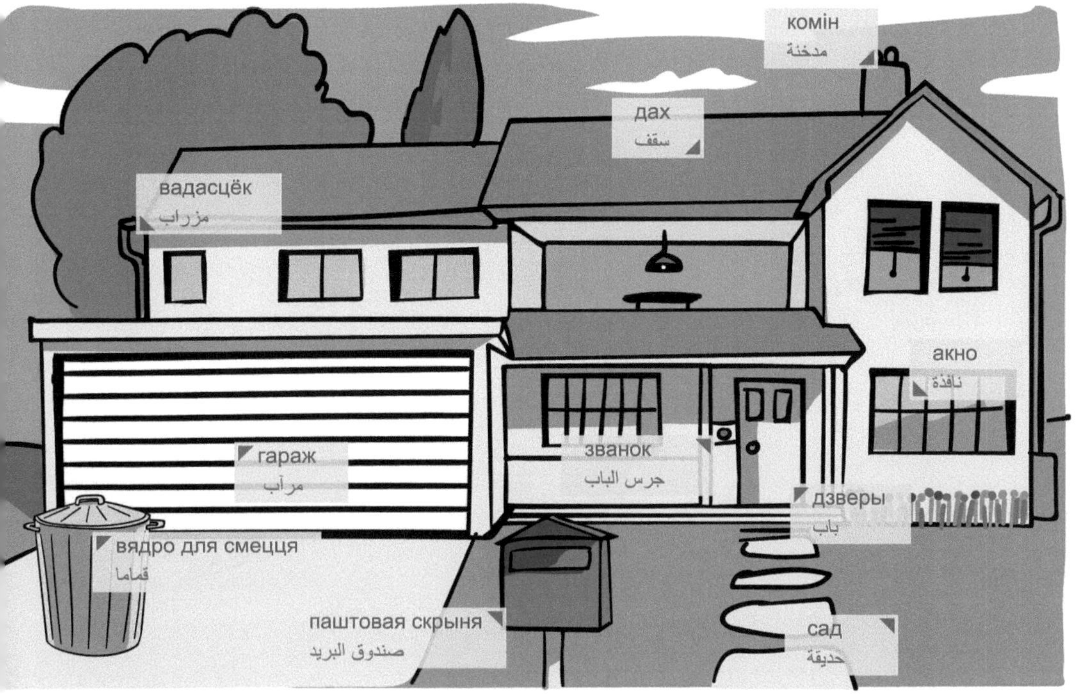
комін
مدخنة
дах
سقف
вадасцёк
مزراب
акно
نافذة
гараж
مرآب
званок
جرس الباب
дзверы
باب
вядро для смецця
قمامة
паштовая скрыня
صندوق البريد
сад
حديقة

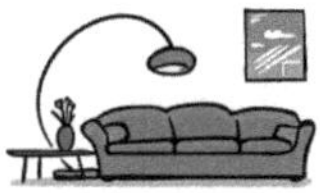

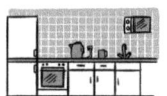

жылы пакой

غرفة جلوس

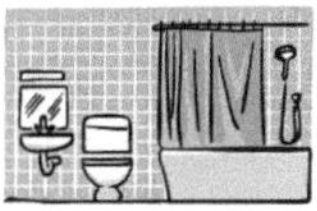

ванная

الحمّام

кухня

مطبخ

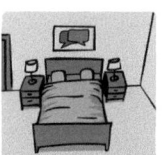

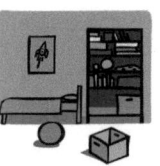

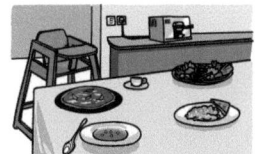

спальны пакой

غرفة النوم

дзіцячы пакой

غرفة الأطفال

сталоўка

غرفة الطعام

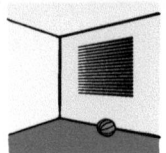

падлога

أرضية

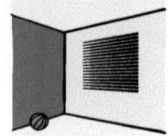

сцяна

حائط

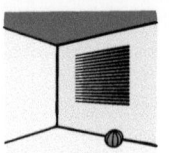

столь

سقف

падвал

قبو

саўна

ساونا

балкон

بلكون

тэраса

شرفة

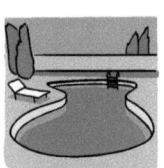

басейн

مسبح

касілка

جزّازة العشب

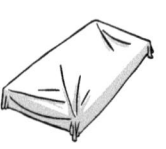

падкоўдранік

بياضات السرير

коўдра

بطانية

ложак

سرير

венік

مكنسة

вядро

سطل

выключальнік

مفتاح كهربائي

жылы пакой

غرفة جلوس

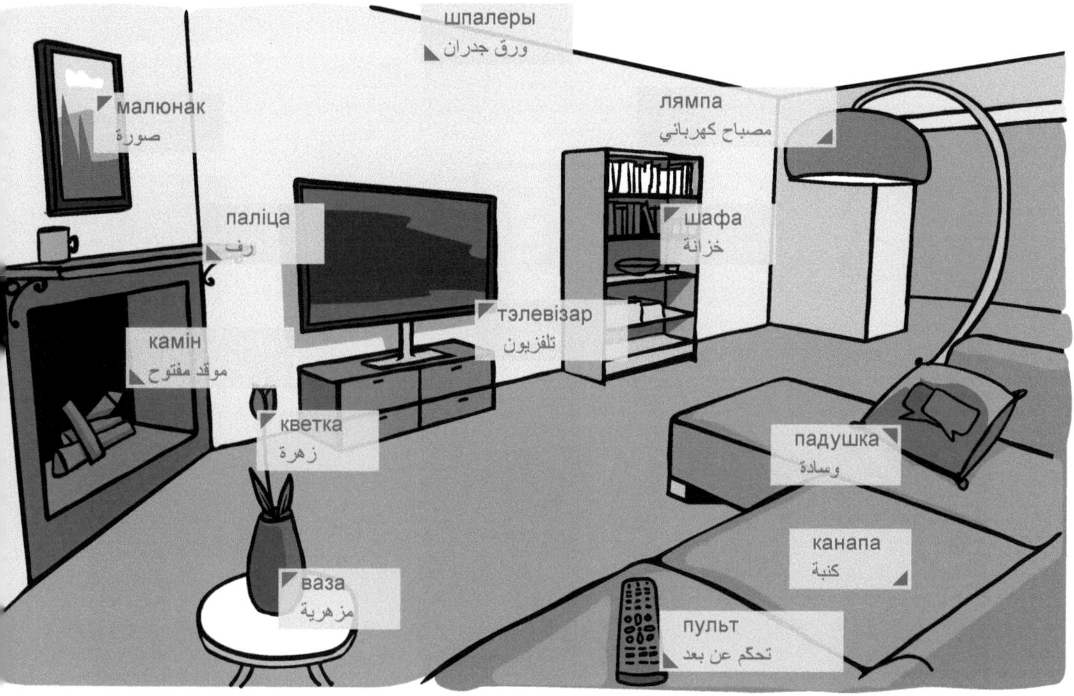

шпалеры
ورق جدران
малюнак
صورة
лямпа
مصباح كهربائي
паліца
رف
шафа
خزانة
тэлевізар
تلفزيون
камін
موقد مفتوح
кветка
زهرة
падушка
وسادة
канапа
كنبة
ваза
مزهرية
пульт
تحكم عن بعد

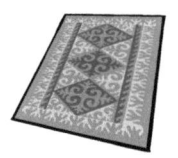

дыван

بصاط

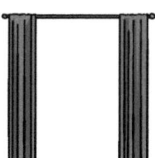

фіранка

ستارة

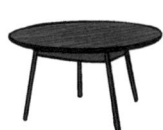

стол

طاولة

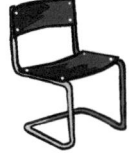

крэсла

كرسي

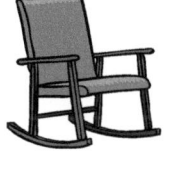

крэсла-качалка

كرسي هزّاز

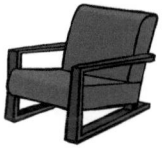

крэсла

كرسي ذو ذراعين

кніга

الكتاب

коўдра

بطانية

дэкарацыя

زخرفة

дровы

الحطب

кіно

فيلم

стэрэасістэма

تجهيزات ستيريو

ключ

مفتاح

газета

جريدة

карціна

لوحة مرسومة

постар

مُلصق

радыё

راديو

нататнік

دفتر ملاحظات

пыласос

المكنسة الكهربائية

кактус

صبّار

свечка

شمعة

кухня

مطبخ

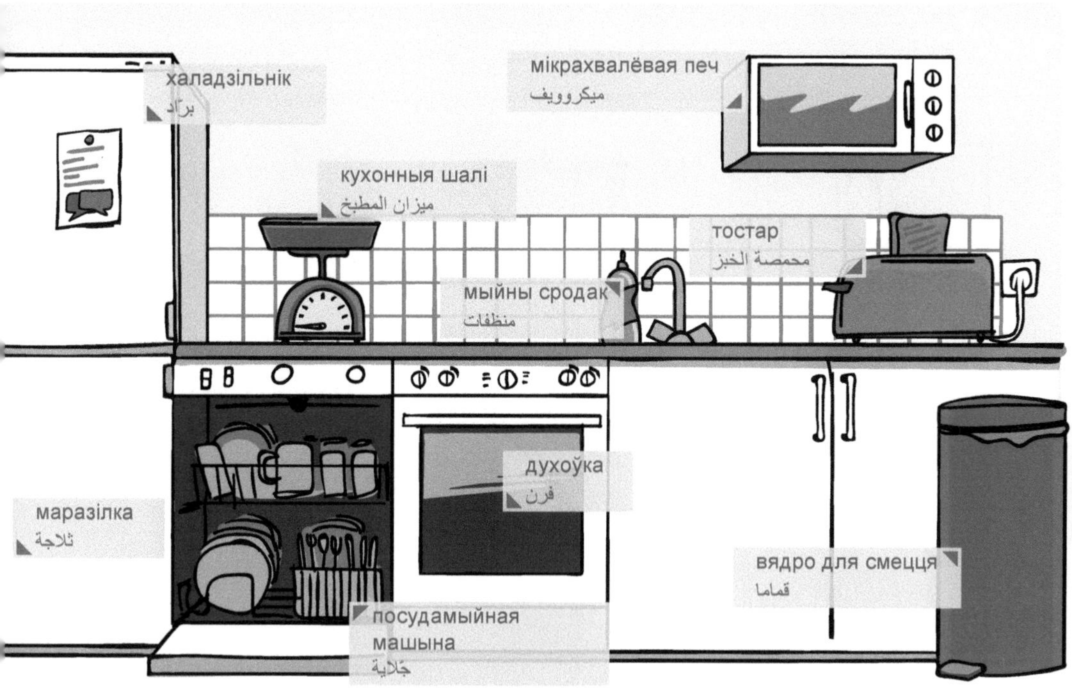
халадзільнік
برّاد
мікрахвалёвая печ
ميكروويف
кухонныя шалі
ميزان المطبخ
тостар
محمصة الخبز
мыйны сродак
منظفات
духоўка
فرن
маразілка
ثلاجة
вядро для смецця
قماما
посудамыйная машына
جَلاية

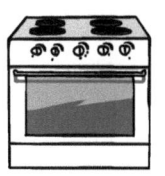

пліта

موقد

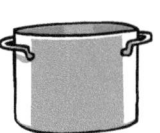

рондаль

قِدر

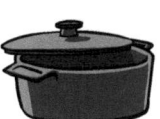

чыгунок

وعاء من الحديد

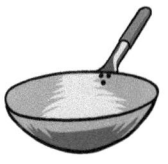

Вок / кадаі

قدر صيني

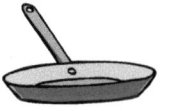

патэльня

مقلاة

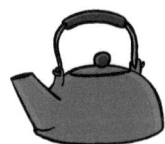

чайнік

غلاية

параварка

قدر البخار

бляха

صينية

посуд

أواني

кубак

فنجان

міска

صحن

палачкі для ежы

عيدان الأكل

чарпак

مغرفة

лапатачка

ملعقة منبسطة

збівалка

خفاقة

сіта для варэння

مصفاة

сіта

مصفاة

тарка

مِبشِرة

ступка

هاون

грыль

شواء

вогнішча

موقد

дошка

لوح التقطيع

качалка

نشابة

штопар

مفتاح الزجاجات

бляшанка

علبة

адкрывалка

مفتاح العلب المعدنية

прыхваткі

قماش الفرن

ракавіна

مجلى

шчотка

فرشاة

губка

إسفنج

міксер

خلاط

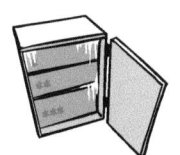

маразільная камера

مجمّدة

бутэлечка

زجاجة الطفل

вадаправодны кран

صنبور الماء

ванная

الحمّام

ручніковы сушыцель
تدفئة
душ
دوش
ручнік
منشفة
штора для душа
ستارة الدوش
пенная ванна
حمام رغوة
ванна
حوض الحمام
шклянка
كأس
мыйная машына
غسالة
вадаправодны кран
صنبور الماء
плітка
بلاط
начны гаршчок
قفازات مطاطية
ракавіна
مجلى

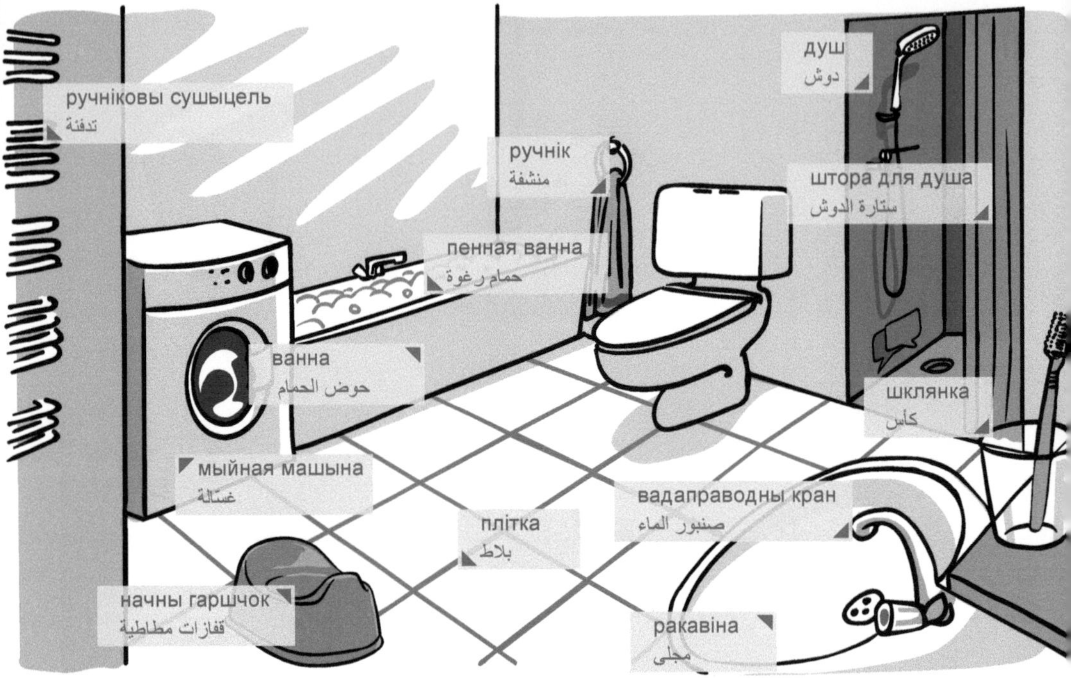

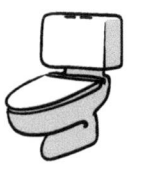

туалет

حمام

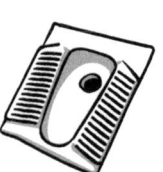

падлогавы ўнітаз

مرحاض القرفصاء

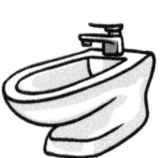

бідэ

حوض التشطيف

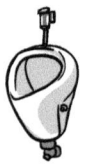

пісуар

مبولة

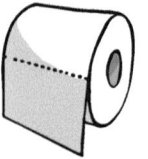

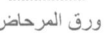

туалетная папера

ورق المرحاض

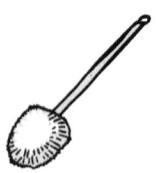

шчотка для чысткі ўнітаза

فرشاة الحمام

зубная шчотка

فرشاة الأسنان

зубная паста

معجون الأسنان

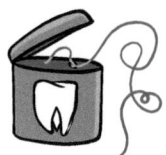

зубная нітка

خيط حرير لتنظيف الأسنان

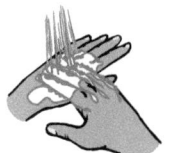

мыць

يغسل

ручны душ

رشاش ماء يدوي

інтымны душ

شطاف

умывальнік

حوض الغسيل

шчотка для спіны

فرشاة الظهر

мыла

صابون

гель для душа

جيل الدوش

шампунь

شامبو

вяхотка

ممسحة

вадасцёк

مصرف للماء

крэм

مرهم

дэзадарант

مزيل الروائح

люстэрка

مرآة

касметычнае люстэрка

مرآة يد

станок для галення

موس حلاقة

пена для галення

رغوة الحلاقة

ласьён пасля галення

كولونيا

грэбень

مشط

шчотка

فرشاة

фен

سشوار

лак для валасоў

مثبت للشعر

касметыка

ماكياج

памада

روج

лак для пазногцяў

طلاء أظافر

вата

قطن

манікюрныя нажніцы

مقص أظافر

духі

عطر

касметычка

سلّة الغسيل

табурэтка

مقعد صغير

вагі

ميزان

лазневы халат

معطف الحمام

санітарныя пальчаткі

قفازات مطاطية

тампон

سدادة قطنية

гігіенічныя пракладкі

منشفة صحية

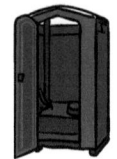

біятуалет

تواليت كيميائية

дзіцячы пакой
غرفة الأطفال

будзільнік
منبّه
мяккая цацка
الحيوانات المحنطة
цацачная машынка
سيارة لعبة
бразготка
خشخشة
лялечны домік
بيت الدمى
падарунак
هدية

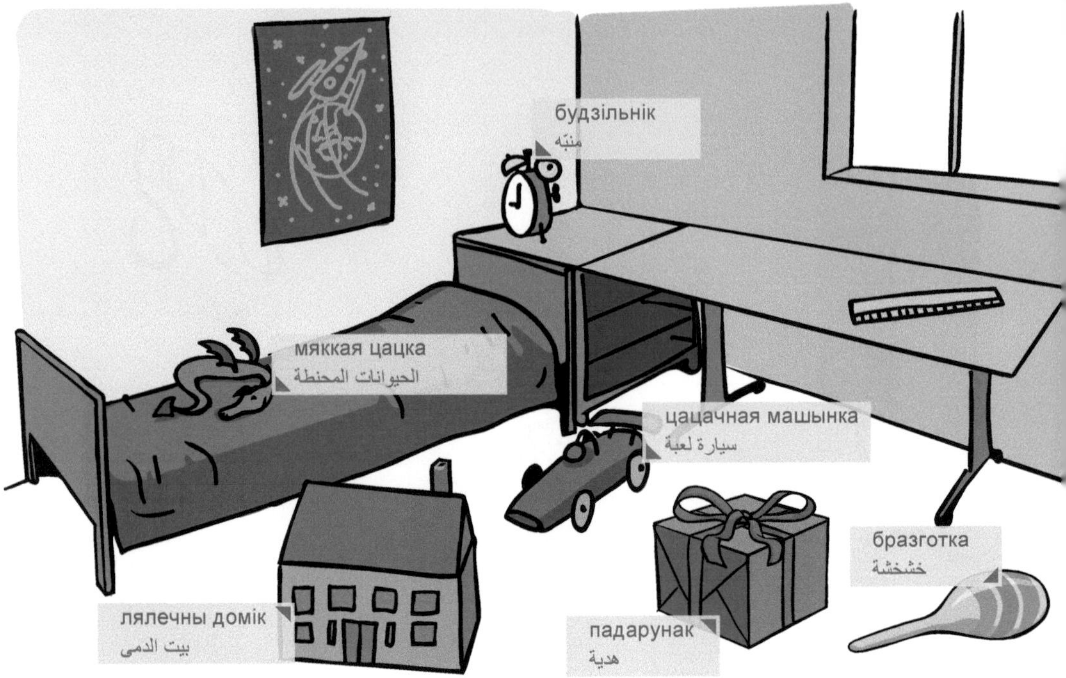

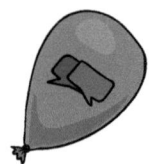

надзіманы шарык
بالون

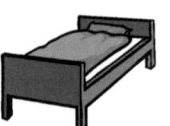

ложак
سرير

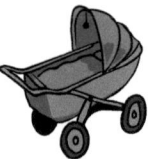

дзіцячая каляска
عربة الأطفال

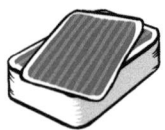

калода картаў
لعبة الورق

пазл
أحجية

SUPER MEGA
комікс
رسوم هزلية

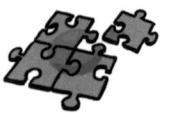

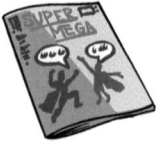

канструктар "Лега"

أحجار الليغو

канструктар

حجارة تركيب

экшэн-фігурка

دمية بطل

дзіцячы гарнітур

لباس الطفل

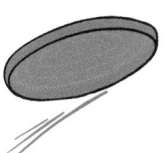

фрызбі

فريسبي

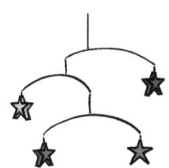

дзіцячы мабіль

دمية معلّقة

настольная гульня

لعبة الطاولة

кубік

لعبة النرد

дзіцячая чыгунка

لعبة قطار

пустышка

مصّاصة

дзіцячае свята

حفلة

кніга з малюнкамі

كتاب مصوّر

мячык

كرة

лялька

دمية

гуляцца

يلعب

пясочніца

ملعب رملي للأطفال

арэлі

أرجوحة

цацкі

لعبة

гульнявая відэа прыстаўка

ألعاب فيديو

трохколавы ровар

دراجة ثلاثية

плюшавы мішка

دمية على شكل الدب

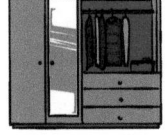

шафа

خزانة الثياب

адзенне

ثياب

шкарпэткі

جوارب قصيرة

панчохі

جوارب طويلة

калготкі

جورب بنطلون

шалік
شال

рамень
حزام

парасон
شمسية

цішотка
تي شيرت

боты
حذاء شتوي

пантоплі
شبشب

красоўкі
أحذية رياضية

сандалі
....
صندل

абутак
....
حذاء

гумовыя боты
....
جزمة كاوتشوك

трусы
....
سروال داخلي

бюстгальтар
....
صدّارة

майка
....
قميص داخلي

бодзі

لباس ملاصق للجسم

штаны

بنطلون

джынсы

جينز

спадніца

تنورة

блузка

بلوزة

кашуля

قميص

джэмпер

سترة قطنية

талстоўка

كنزة كم طويل

блэйзер

سترة فضفاضة

куртка

سترة

паліто

معطف

дажджавік

معطف مطري

касцюм

زي - طقم نسائي

сукенка

ثوب

вясельная сукенка

ثوب الزفاف

касцюм

طقم

начная сарочка

قميص نوم

піжама

بيجاما

сары

ساري

хустка

حجاب

цюрбан

عمامة

паранджа

برقع

каптан

قفطان

Абая

عباءة

купальнік

مايوه

плаўкі

سروال سباحة

шорты

شرت

спартыўны касцюм

بدلة رياضية

фартух

منزر

пальчаткі

ففازات

гузік

زر

акуляры

نظارة

бранзалет

إسوارة

каралі

عقد

кальцо

خاتم

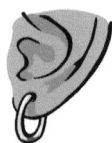

завушніца

قرط

кепка

طاقيّة

вешалка

علاقة ثياب

капялюш

قبّعة

гальштук

ربطة العنق

маланка

سحّاب

шлем

خوذة

падцяжкі

حمّالة البنطلون

школьная форма

اللباس المدرسي

уніформа

زي موحّد

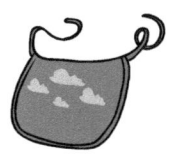

нагруднік

مريلة الأطفال

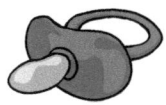

пустышка

مصّاصة

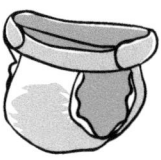

падгузнік

لفافة

офіс

مكتب

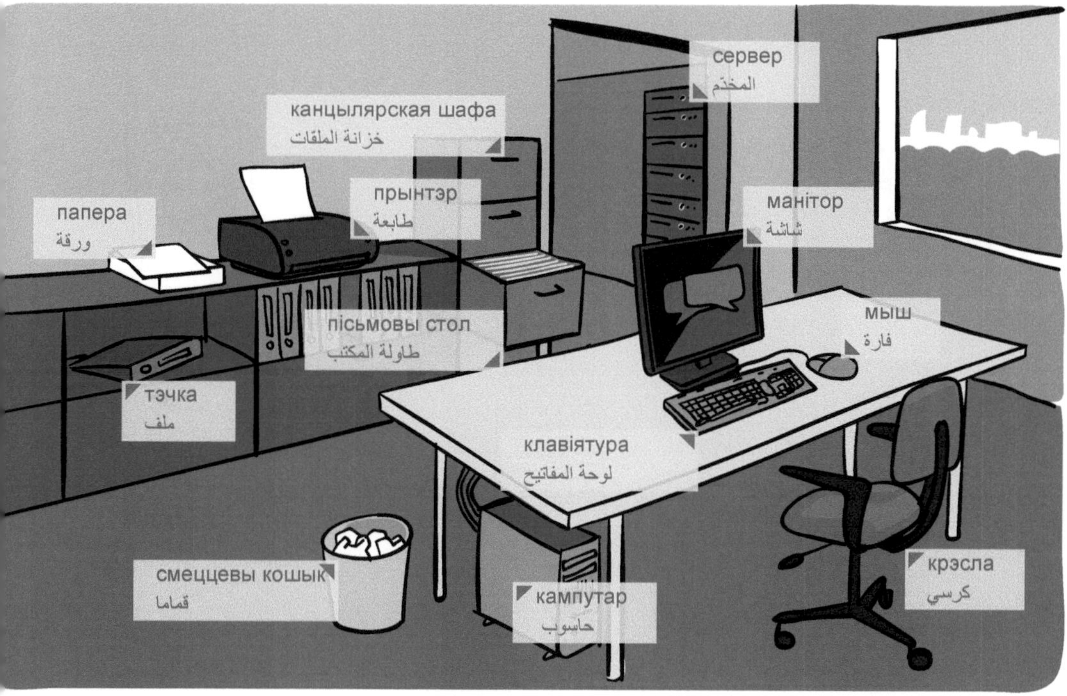

сервер
المخدم
канцылярская шафа
خزانة الملقات
прынтэр
طابعة
папера
ورقة
манітор
شاشة
пісьмовы стол
طاولة المكتب
мыш
فارة
тэчка
ملف
клавіятура
لوحة المفاتيح
смеццевы кошык
قمامة
кампутар
حاسوب
крэсла
كرسي

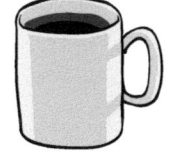

кубак для кавы (філіжанка)

كأس من القهوة

калькулятар

الألة الحاسبة

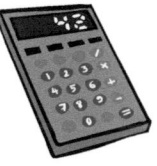

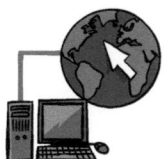

інтэрнэт

الإنترنت

ноўтбук

الحاسوب المحمول

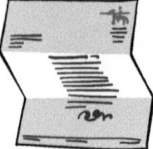

ліст

رسالة

паведамленне

خبر

мабільны тэлефон

الهاتف المحمول

сетка

شبكة

ксеракс

جهاز تصوير

праграмнае забеспячэнне

البرمجيات

тэлефон

هاتف

разетка

مقبس كهربائي

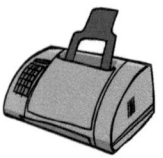

факс

فاكس

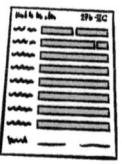

фармуляр

استمارة

дакумент

وثيقة

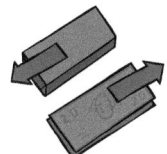

купляць

يشتري

плаціць

يدفع

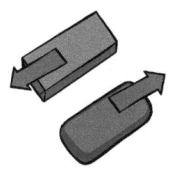

гандляваць

يتاجر

грошы

مال

долар

دولار

еўра

يورو

ена

ين

рубель

روبل

франк

فرنك سويسري

кітайскі юань

يوان

рупія

روبية

банкамат

صرّاف آلي

абменны пункт

مكتب صرافة

золата

ذهب

срэбра

فضة

нафта

نفط

энергія

طاقة

цана

سعر

кантракт

عقد

падатак

ضريبة

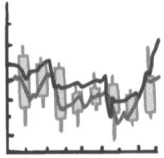

акцыя

سهم

працаваць

يعمل

служачы

موظف

працадаўца

رب العمل

фабрыка

مصنع

крама

متجر

прафесii

المِهَن

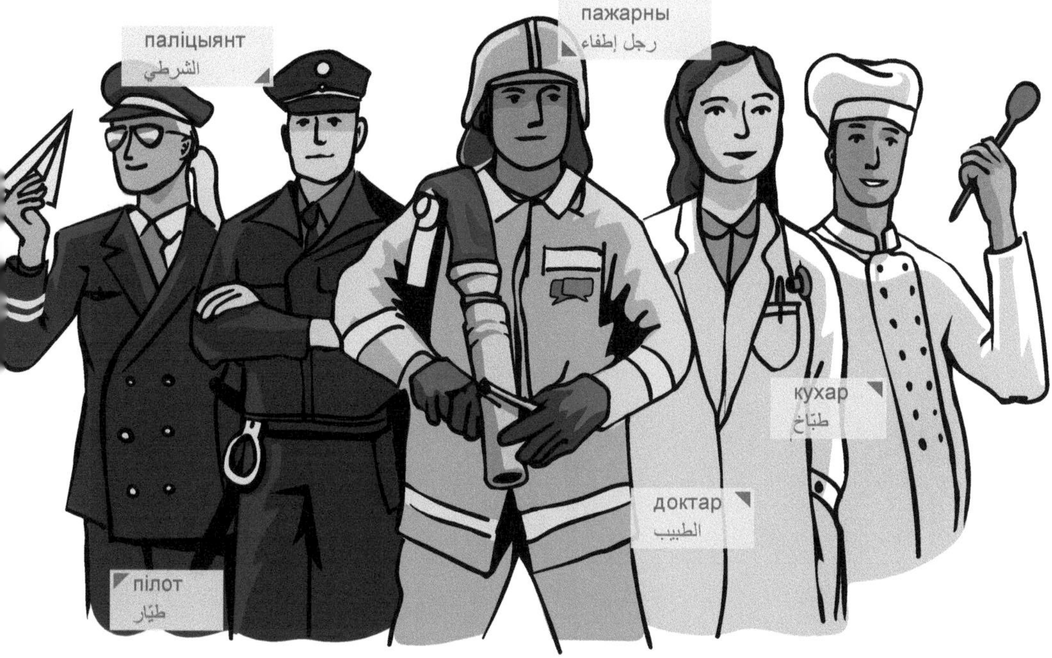

паліцыянт
الشرطي
пажарны
رجل إطفاء
кухар
طبّاخ
доктар
الطبيب
пілот
طيّار

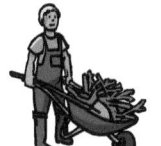

садоўнік

بستاني

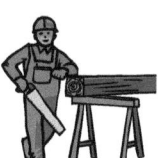

слесар

نجّار

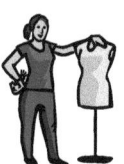

швачка

خيّاطة

суддзя

قاضٍ

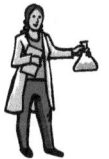

хімік

كيميائي

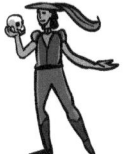

артыст

ممثّل

кіроўца аўтобуса

سائق حافلة

таксіст

سائق تاكسي

рыбак

صياد سمك

прыбіральшчыца

أجيرة للتنظيف

страхар

بنّاء سقف

афіцыянт

نادل

паляўнічы

صيّاد

мастак

رسّام

пекар

خباز

электрык

كهربائي

будаўнік

عامل بناء

інжынер

مهندس

мяснік

لحّام

сантэхнік

سمكري

паштальён

ساعي البريد

салдат

جندي

архітэктар

مهندس معماري

касір

أمين صندوق

фларыст

بائع الزهور

цырульнік

حلاق

кандуктар

مراقب القطار

механік

ميكانيكي

капітан

قبطان

стаматолаг

طبيب أسنان

вучоны

رجل العلم

рабін

حاخام

імам

إمام

манах

راهب

святар

كاهن

інструменты

عدة عمل

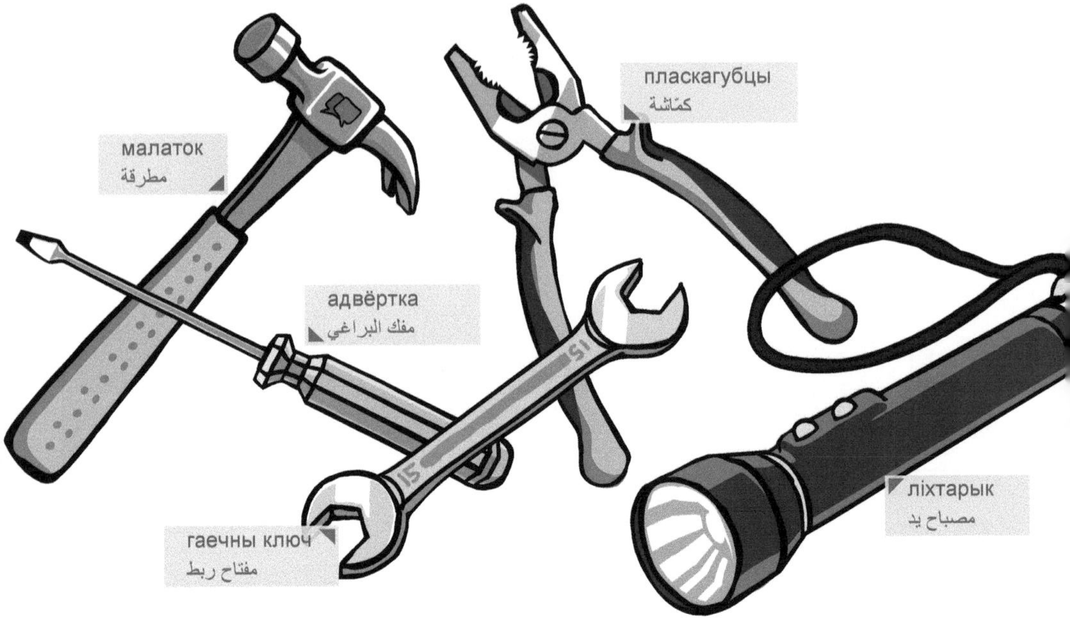

малаток
مطرقة
пласкагубцы
كمّاشة
адвёртка
مفك البراغي
ліхтарык
مصباح يد
гаечны ключ
مفتاح ربط

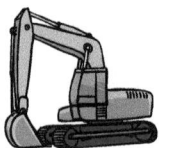

экскаватар

جرافة

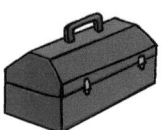

скрыня для інструментаў

صندوق العدة

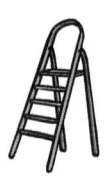

дравіны

سلّم

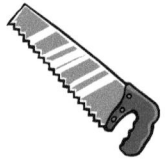

піла

منشار

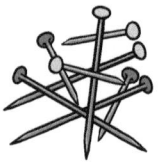

цвікі

مسامير

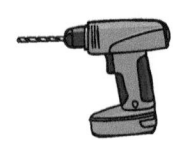

дрыль

مثقب

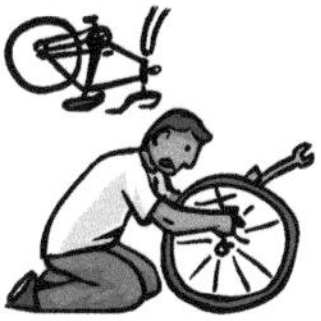

рамантаваць

يصلح

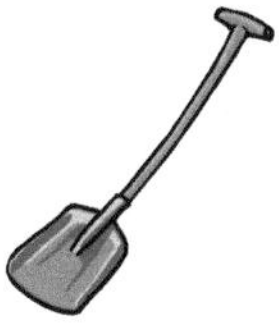

рыдлеўка

مجرفة

Халера!

اللعنة

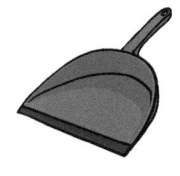

шуфлік для смецця

لقاطة الكناسة

вядро з фарбаю

سطل الألوان

балты

براغي

музычныя інструменты

آلات موسيقية

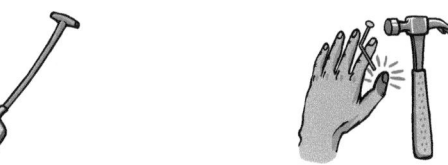

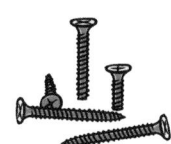

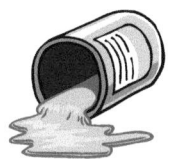

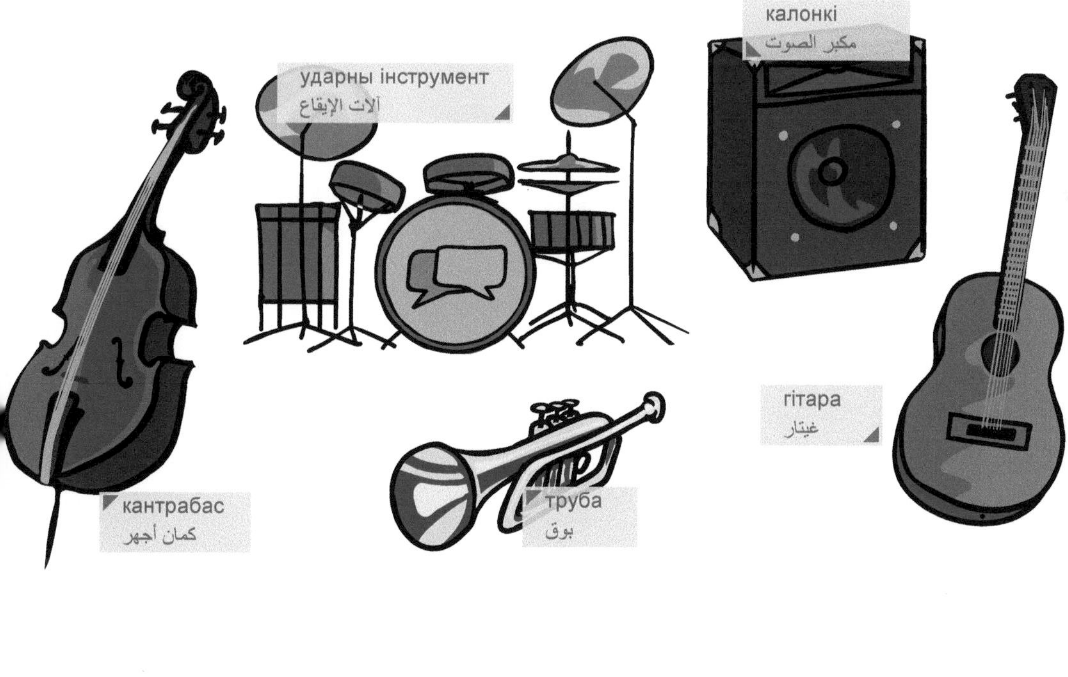
калонкі
مكبر الصوت
ударны інструмент
آلات الإيقاع
гітара
غيتار
кантрабас
كمان أجهر
труба
بوق

піяніна

بيانو

скрыпка

كمنجة

басгітара

جيير

літаўры

طبل كبير

барабан

طبل

клавішны электрамузычны інструмент

بيانو كهربائي

саксафон

ساكسوفون

флейта

ناي

мікрафон

ميكروفون

музычныя інструменты - آلات موسيقية

заапарк

حديقة حيوانات

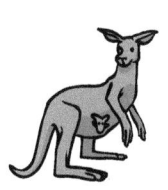

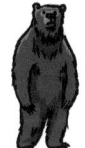

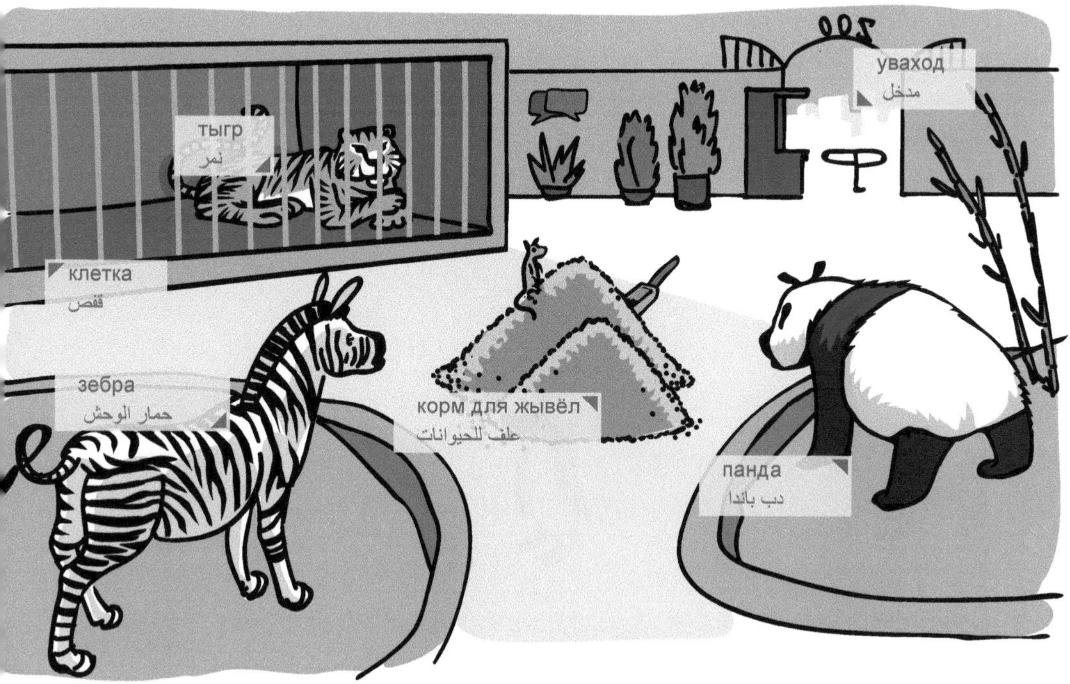

уваход
مدخل
тыгр
نمر
клетка
قفص
зебра
حمار الوحش
корм для жывёл
علف للحيوانات
панда
دب باندا

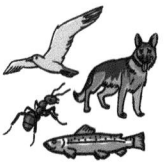

жывёлы
حيوانات

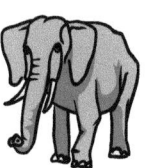

слон
فيل

кенгуру
كنغر

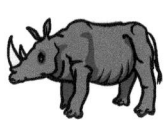

насарог
وحيد القرن

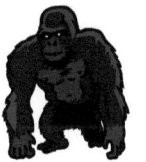

гарыла
غوريلا

мядзведзь
دب

вярблюд

جمل

стравус

نعامة

леў

أسد

малпа

قرد

фламінга

طائر فلامينغو

папугай

ببغاء

белы мядзведзь

دب قطبي

пінгвін

بطريق

акула

سمك القرش

паўлін

طاووس

змяя

أفعى

кракадзіл

تمساح

наглядчык заапарка

حارس في حديقة الحيوان

цюлень

عجل البحر

ягуар

نمر أمريكي مرقط

поні

فرس قزم

леапард

نمر

бегемот

فرس النهر

жыраф

زرافة

арол

نسر

дзік

خنزير برّي

рыбак

سمك

чарапаха

سلحفاة

морж

حيوان فظ البحري

ліса

ثعلب

газель

غزال

амерыканскі футбол
كرة القدم الأمريكية

веласпорт
ركوب الدراجات

тэніс
كرة التنس

баскетбол
كرة السلة

плаванне
السباحة

бокс
الملاكمة

хакей з шайбай
هوكي الجليد

футбол
كرة القدم

бадмінтон
الريشة الطائرة

лёгкая атлетыка
ألعاب القوى الخفيفة

гандбол
كرة اليد

горныя лыжы
التزلج على الثلج

пола
بولو

дзейнасць

نشاطات

скакаць
يقفز
абдымаць
يعانق
смяяцца
يضحك
ісці
يمشي
спяваць
يغنّي
марыць
يحلم
маліцца
يصلّي
цалаваць
يقبل

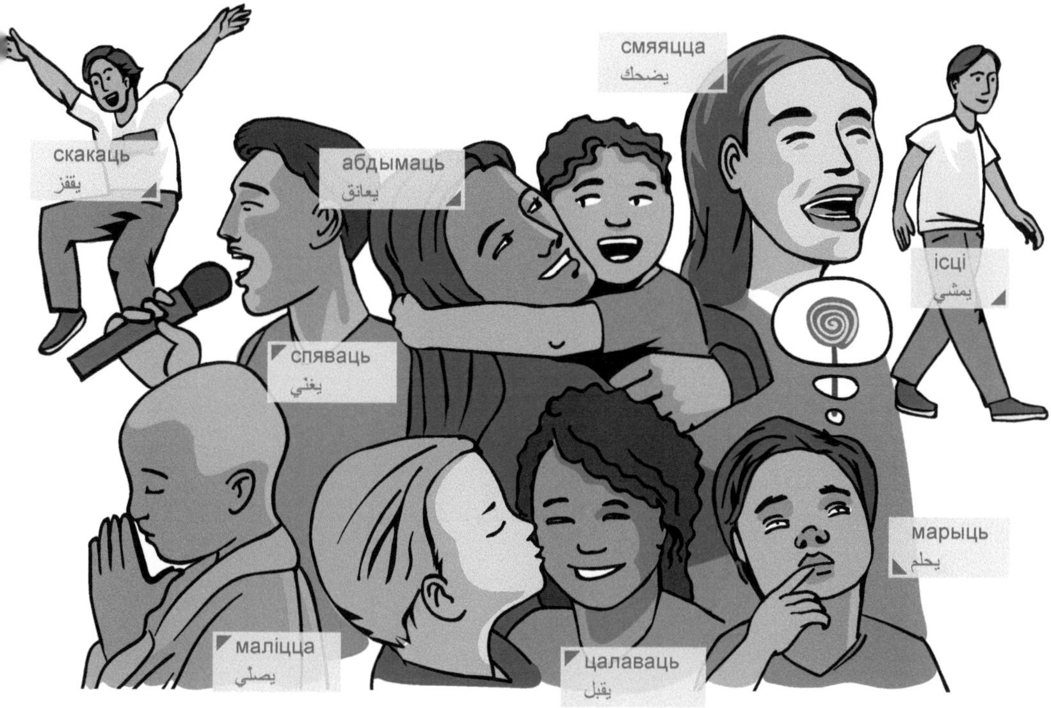

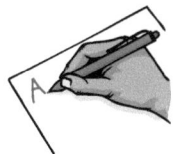

пісаць

يكتب

маляваць

يرسم

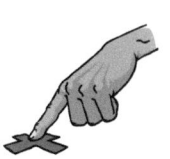

паказваць

يُري

націснуць

يدفع

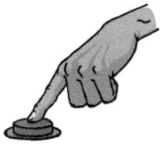

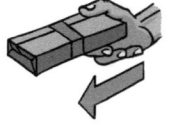

даваць

يعطي

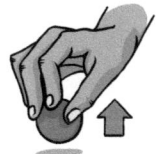

браць

يأخذ

маць

يملك

выконваць

يعمل

быць

يوجد

стаяць

يقف

бегчы

يركض

цягнуць

يسحب

кідаць

يرمي

падаць

يقع

ляжаць

يستلقي

чакаць

ينتظر

насіць

يحمل

сядзець

يجلس

апранацца

يلبس

спаць

ينام

прачынацца

يستيقظ

глядзець

ينظر إلى ..

плакаць

يبكي

лашчыць

يمسّد

прычэсвацца

يمشّط

гаварыць

يتكلم

разумець

يفهم

пытаць

يسأل

чуць

يسمع

піць

يشرب

есці

يأكل

прыбіраць

يرتب

кахаць

يحب

гатаваць

يطبخ

ехаць

يقود

лятаць

يطير

плаваць пад ветразем

يبحر بزورق شراعي

лічыць

يحسب

чытаць

يقرأ

вучыць

يتعلم

працаваць

يعمل

уступаць у шлюб

يتزوج

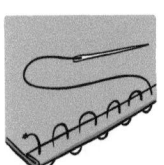

шыць

يخيط

чысціць зубы

ينظف أسنانه

забіваць

يقتل

курыць

يدخّن

пасылаць

يرسل

сям'я
عائلة

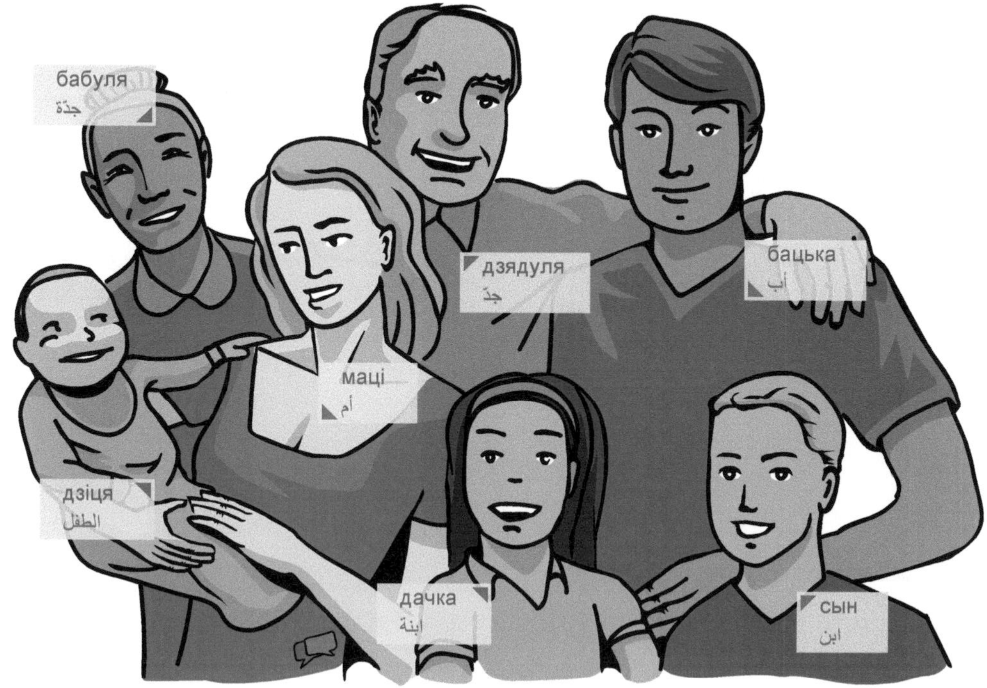
бабуля
جدّة
дзядуля
جدّ
бацька
أب
маці
أم
дзіця
الطفل
дачка
ابنة
сын
ابن

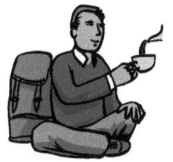

госць

ضيف

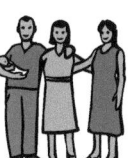

цётка

عمّة / خالة

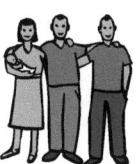

дзядзька

عمّ / خال

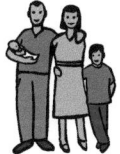

брат

أخ

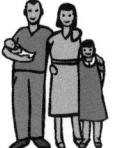

сястра

أخت

цела

الجسم

лоб
الجبين
вока
العين
плячо
الكتف
палец
الإصبع
твар
الوجه
падбародак
الذقن
рука
اليد
нага
الساق
грудзі
الصدر
рука
الذراع

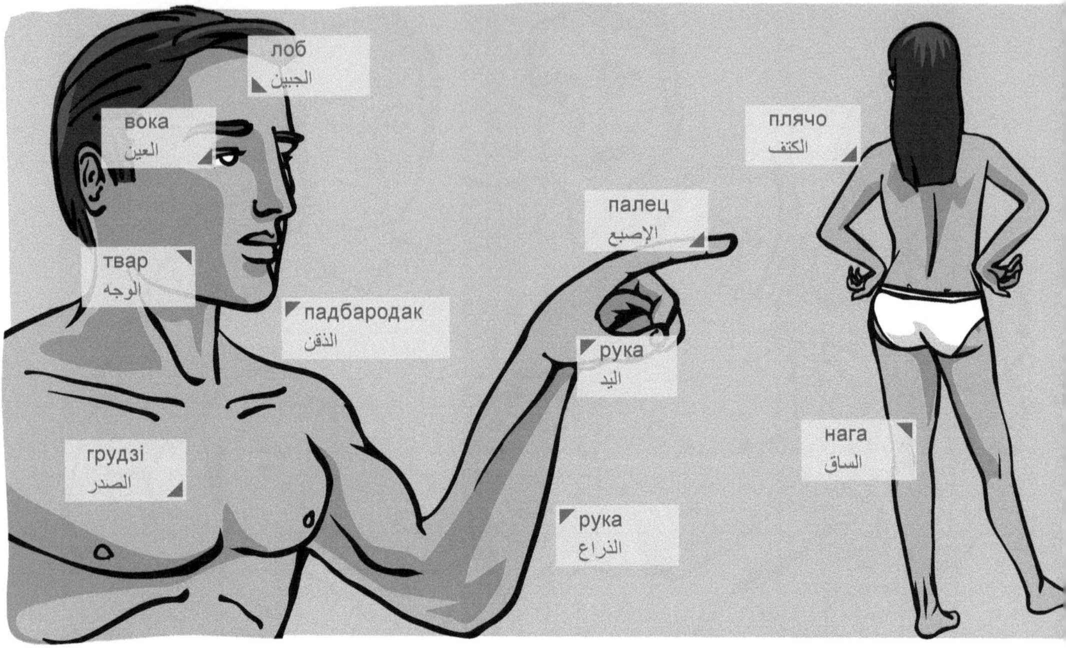

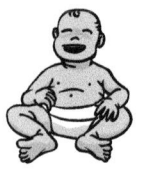

дзіця

الطفل

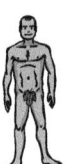

мужчына

الرجل

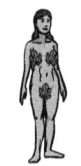

жанчына

المرأة

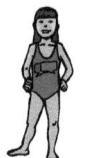

дзяўчынка

البنت

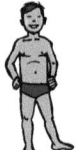

хлопчык

الولد

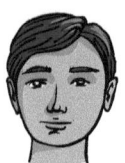

галава

الرأس

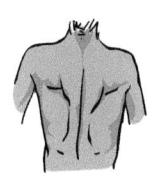

спіна

الظهر

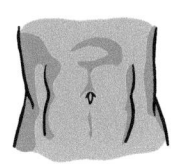

жывот

البطن

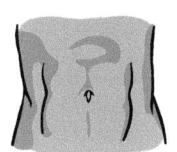

пуп

السرّة

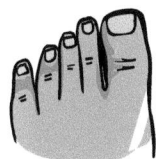

палец нагі

إصبع القدم

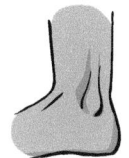

пятка

الكعب

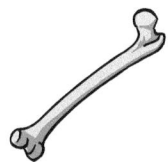

костка

العظم

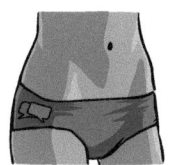

бядро

الورك

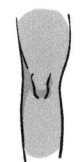

калена

الركبة

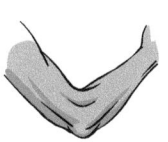

локаць

المرفق

нос

الأنف

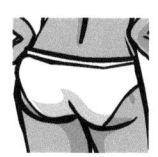

ягадзіца

العَجُز

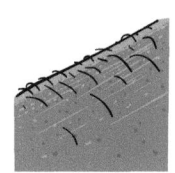

скура

البَشَرة

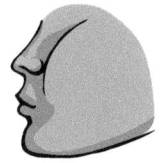

шчака

الخد

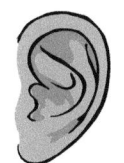

вуха

الأذن

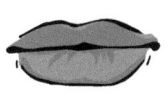

губа

الشفة

рот

الفم

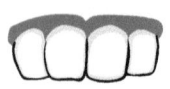

зуб

السن

язык

اللسان

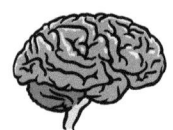

галаўны мозг

الدماغ

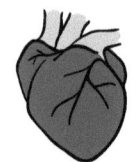

сэрца

القلب

мышца

العضلة

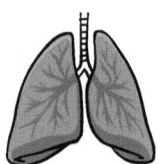

лёгкае

الرئة

пячонка

الكبد

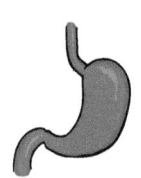

страўнік

المعدة

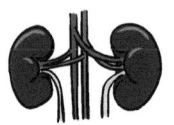

ныркі

الكلى

сэкс

الاتصال الجنسي

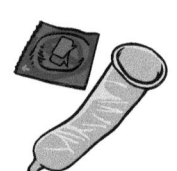

прэзерватыў

الواقي المطاطي

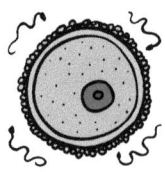

яйцаклетка

البويضة

сперма

المنيّ

цяжарнасць

الحمل

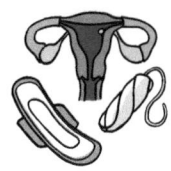

менструацыя

الحيض

похва

المهبل

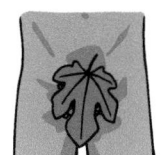

пеніс

القضيب

брыво

الحاجب

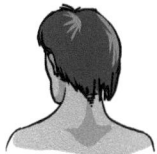

валасы

الشعر

шыя

الرقبة

шпіталь

المستشفى

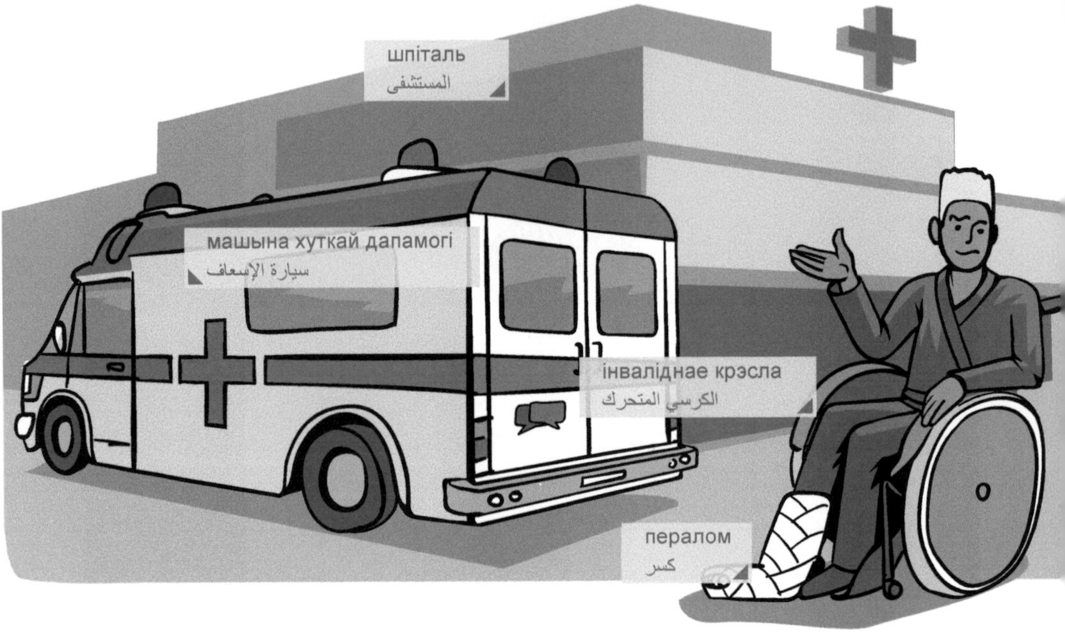

шпіталь
المستشفى
машына хуткай дапамогі
سيارة الإسعاف
інваліднае крэсла
الكرسي المتحرك
пералом
كسر

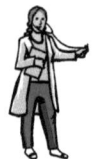

доктар

الطبيب

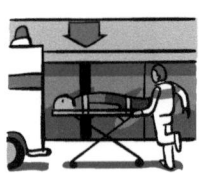

аддзяленне першай дапамогі

غرفة الإسعاف

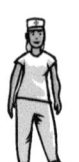

медсястра

الممرضة

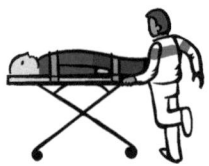

экстраная дапамога

حالة

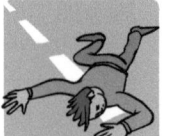

непрытомны

مغمى عليه

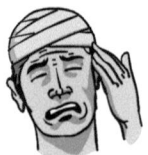

боль

الألم

траўма

إصابة

крывацёк

النزيف

інфаркт

احتشاء القلب

апаплексія

جلطة

алергія

حساسية

кашаль

السعال

гарачка

الحُمّى

грып

إنفلونزا

панос

الإسهال

галаўны боль

وجع الرأس

рак

السرطان

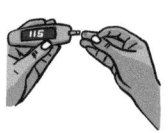

дыябет

مرض السكر

хірург

جرّاح

скальпель

مبضع

аперацыя

عملية

КТ

سيتي سكان

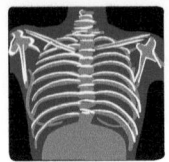

рэнтген

الأشعة السينية

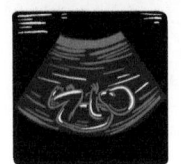

ультрагук

فوق الصوتي

маска

القناع

хвароба

المرض

пачакальня

غرفة الانتظار

мыліца

العُكّاز

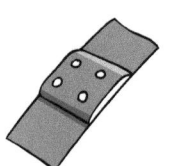

пластыр

شريط لاصق

бінт

ضماد

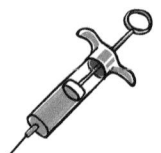

ін'екцыя

حقنة

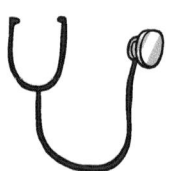

стэтаскоп

سمّاعة الطبيب

насілкі

نقالة

градуснік

ميزان حرارة

нараджэнне

ولادة

лішняя вага

وزن زائد

слухавы апарат

جهاز السمع

дэзінфекцыйны сродак

المواد المعقمة

інфекцыя

عدوى

вірус

فيروس

ВІЧ/СНІД

الإيدز

лекі

الطب

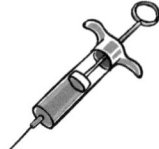

прышчэпка

اللقاح

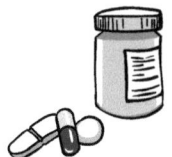

таблеткі

أقراص الدواء

супрацьзачаткавая таблетка

حبّة الدواء

экстраны выклік

نداء النجدة

танометр

مقياس ضغط الدم

хворы / здаровы

مريض / صحيح

Ратуйце!

النجدة!

сігналізацыя

إنذار

напад

اعتداء

атака

هجوم

небяспека

خطر

аварыйны выхад

مخرج طوارئ

Пажар!

حريق!

вогнетушыцель

جهاز الإطفاء

аварыя

حادث

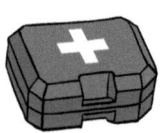

аптэчка

حقيبة الإسعاف الأولي

СОС

أنقذونا

паліцыя

الشرطة

Еўропа

أوروبا

Паўночная Амерыка

أمريكا الشمالية

Паўднёвая Амерыка

أمريكا الجنوبية

Афрыка

أفريقيا

Азія

آسيا

Аўстралія

أستراليا

Атлантычны акіян

المحيط الأطلسي

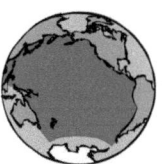

Ціхі акіян

المحيط الهادي

Індыйскі акіян

المحيط الهندي

Паўднёвы ледавіты акіян

المحيط المتجمد الجنوبي

Паўночны ледавіты акіян

المحيط المتجمد الشمالي

Паўночны полюс

القطب الشمالي

Паўднёвы полюс

القطب الجنوبي

Антарктыда

منطقة القطب الجنوبي

Зямля

أرض

краіна

بر

мора

بحر

востраў

جزيرة

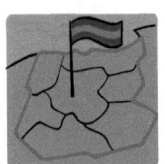

нацыя

أمة

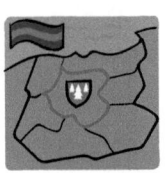

дзяржава

دولة

цыферблат

ميناء الساعة

гадзінная стрэлка

عقرب الساعات

хвілінная стрэлка

عقرب الدقائق

секундная стрэлка

عقرب الثواني

Колькі часу?

كم الساعة الآن؟

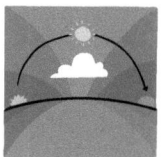

дзень

يوم

час

زمن

зараз

الآن

электронны гадзіннік

ساعة رقمية

хвіліна

دقيقة

гадзіна

ساعة

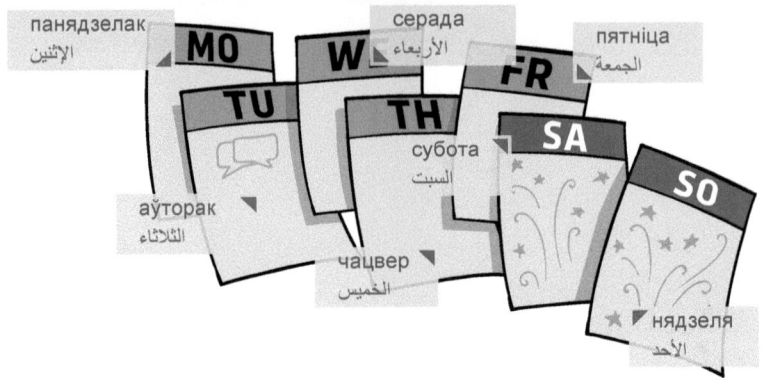

панядзелак
الإثنين

MO

серада
الأربعاء

W

пятніца
الجمعة

FR

TU

TH

субота
السبت

SA

аўторак
الثلاثاء

чацвер
الخميس

SO

нядзеля
الأحد

ўчора

الأمس

сёння

اليوم

заўтра

غداً

раніца

الصباح

абед

الظهر

вечар

المساء

працоўныя дні

أيام العمل

выхадныя

نهاية الأسبوع

год

سنة

дождж
مطر
вясёлка
قوس قزح
снег
ثلج
вецер
ريح
вясна
الربيع
восень
الخريف
лета
الصيف
зіма
الشتاء

4.APRIL 11°
5.APRIL 4°
6.APRIL 13°
7.APRIL 8°
8.APRIL 10°

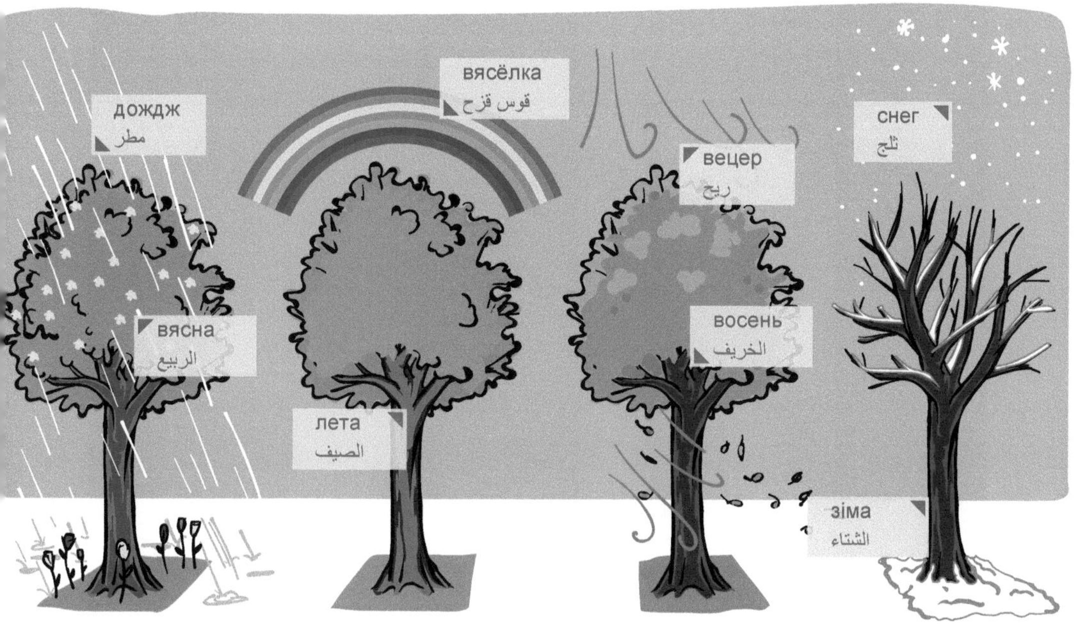

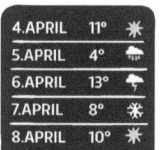

прагноз надвор'я

التنبّؤ بالحالة الجوية

F C
120 40
90 30
60 20
30 10
0 0
-30 -10
-20

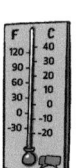

градуснік

مقياس حرارة

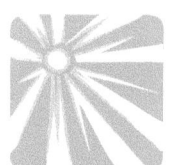

сонечнае святло

ضوء الشمس

воблака

سحابة

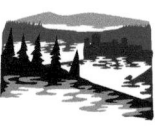

туман

ضباب

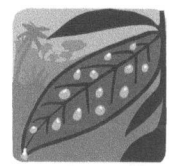

вільготнасць паветра

رطوبة الجو

маланка

برق

гром

رعد

бура

عاصفة

град

بَرَد

мусонны вецер

ريح موسمية

прыліў

طوفان

лёд

جليد

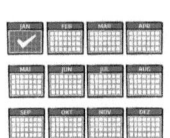

студзень

كانون الثاني / يناير

люты

شباط / فبراير

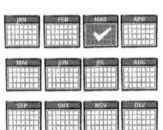

сакавік

آذار / مارس

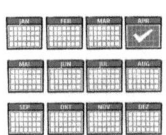

красавік

نيسان / أبريل

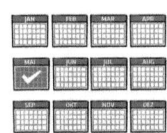

май

أيار / مايو

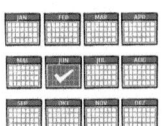

чэрвень

حزيران / يونيو

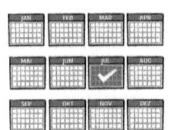

ліпень

تموز / يوليو

жнівень

آب / أغسطس

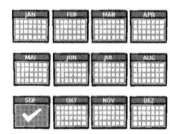

верасень

....

أيلول / سبتمبر

кастрычнік

....

تشرين الأول / أكتوبر

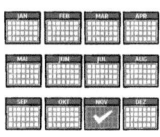

лістапад

....

تشرين الثاني / نوفمبر

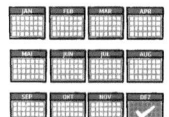

снежань

....

كانون الأول / ديسمبر

круг

....

دائرة

квадрат

....

مربّع

прамавугольнік

....

مستطيل

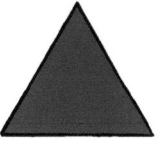

трохвугольнік

....

مثلث

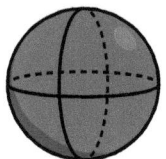

шар

....

كرة

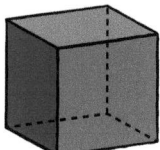

куб

....

مكعب

белы

أبيض

жоўты

أصفر

аранжавы

برتقالي

ружовы

وردي

чырвоны

أحمر

фіялетавы

بنفسجي

сіні

أزرق

зялёны

أخضر

карычневы

بُنّي

шэры

رمادي

чорны

أسود

шмат / мала

كثير / قليل

злы / добры

غضبان / هادئ

прыгожы / брыдкі

جميل / قبيح

пачатак / канец

بداية / نهاية

высокі / малы

كبير / صغير

светлы / цёмны

فاتح / قاتم

сястра / брат

أخ / أخت

чысты / брудны

نظيف / وسخ

поўны / няпоўны

كامل / ناقص

дзень / ноч

نهار / ليل

мёртвы / жывы

ميت / حيّ

шырокі / вузкі

عريض / ضيّق

ядомы / неядомы

صالح للأكل / غير صالح

злы / добры

شرّير / لطيف

узбуджаны / нудны

مثير / ممل

тоўсты / тонкі

سمين / نحيف

першы / апошні

أولًا / أخيرًا

сябар / вораг

صديق / عدو

поўны / пусты

مليه / فارغ

цвёрды / мяккі

صلب / لّين

важкі / лёгкі

ثقيل / خفيف

голад / смага

جوع / عطش

хворы / здаровы

مريض / صحيح

нелегальны / легальны

غير شرعي / شرعي

разумны / дурны

ذكي / غبي

левы / правы

يسار / يمين

побач / далёка

قَريب / بعيد

новы / былы ва ўжыванні

جديد / مستعمل

нічога / нешта

لا شيء / بعض الشيء

стары / малады

مسين / شاب

укл / выкл

يشعل / يطفئ

адчынены / зачынены

مفتوح / مغلق

ціхі / гучны

خافت / عالٍ

багаты / бедны

غني / فقير

правільна / няправільна

صح / خطأ

шурпаты / гладкі

أحرش / أملس

сумны / шчаслівы

حزين / سعيد

кароткі / доўгі

قصير / طويل

павольны / хуткі

بطيء / سريع

вільготны / сухі

مبلول / جاف

цёплы / халаднаваты

ساخن / بارد

вайна / мір

حرب / سلم

0

нуль

صفر

1

адзін

واحد

2

два

اثنان

3

тры

ثلاثة

4

чатыры

أربعة

5

пяць

خمسة

6

шэсць

ستة

7

сем

سبعة

8

восем

ثمانية

9

дзевяць

تسعة

10

дзесяць

عشرة

11

адзінаццаць

أحد عشر

12
дванаццаць
اثنا عشر

13
трынаццаць
ثلاثة عشر

14
чатырнаццаць
أربعة عشر

15
пятнаццаць
خمسة عشر

16
шаснаццаць
ستة عشر

17
сямнаццаць
سبعة عشر

18
васямнаццаць
ثمانية عشر

19
дзевятнаццаць
تسعة عشر

20
дваццаць
عشرون

100
сто
مائة

1.000
тысяча
ألف

1.000.000
мільён
مليون

англійская

الإنكليزية

англійская (Амерыка)

الإنكليزية الأمريكية

кітайская мандарынская

لغة ماندارين الصينية

хіндзі

الهندية

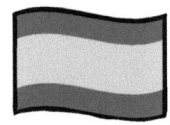

іспанская

الإسبانية

французская

الفرنسية

арабская

العربية

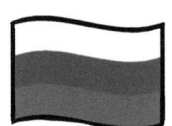

руская

الروسية

партугальская

البرتغالية

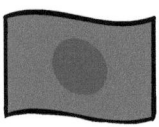

бенгальская

البنغالية

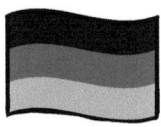

нямецкая

الألمانية

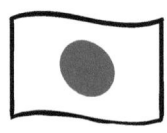

японская

اليابانية

я

أنا

ты

أنت

ён / яна / яно

هو / هي

мы

نحن

вы

أنتم

яны

هم

хто?

من؟

што?

ماذا؟

як?

كيف؟

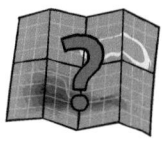

дзе?

أين؟

калі?

متى؟

HELLO, I AM

імя

اسم

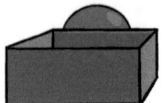

за
خلف

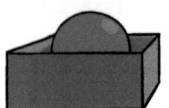

у
في

перад
أمام

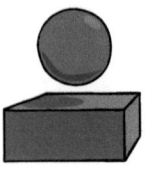

над
فوق

на
على

пад
تحت

каля
جنب

паміж
بين

месца
مكان